Бог піклується про мене

Коли нікого немає поруч, куди звертатись по допомогу?

«Свої очі я зводжу на гори, звідки прийде мені допомога?»

(вірш 1)

Я молюся, і Бог приходить мені на допомогу.

«мені допомога від Господа,»

(вірш 2а)

Він усе створив на небі і на землі.

«...що вчинив небо й землю!»

(вірш 2б)

Він нікому не дозволить завдати мені шкоди.

«Він не дасть захитатись нозі твоїй,»

(вірш 3а)

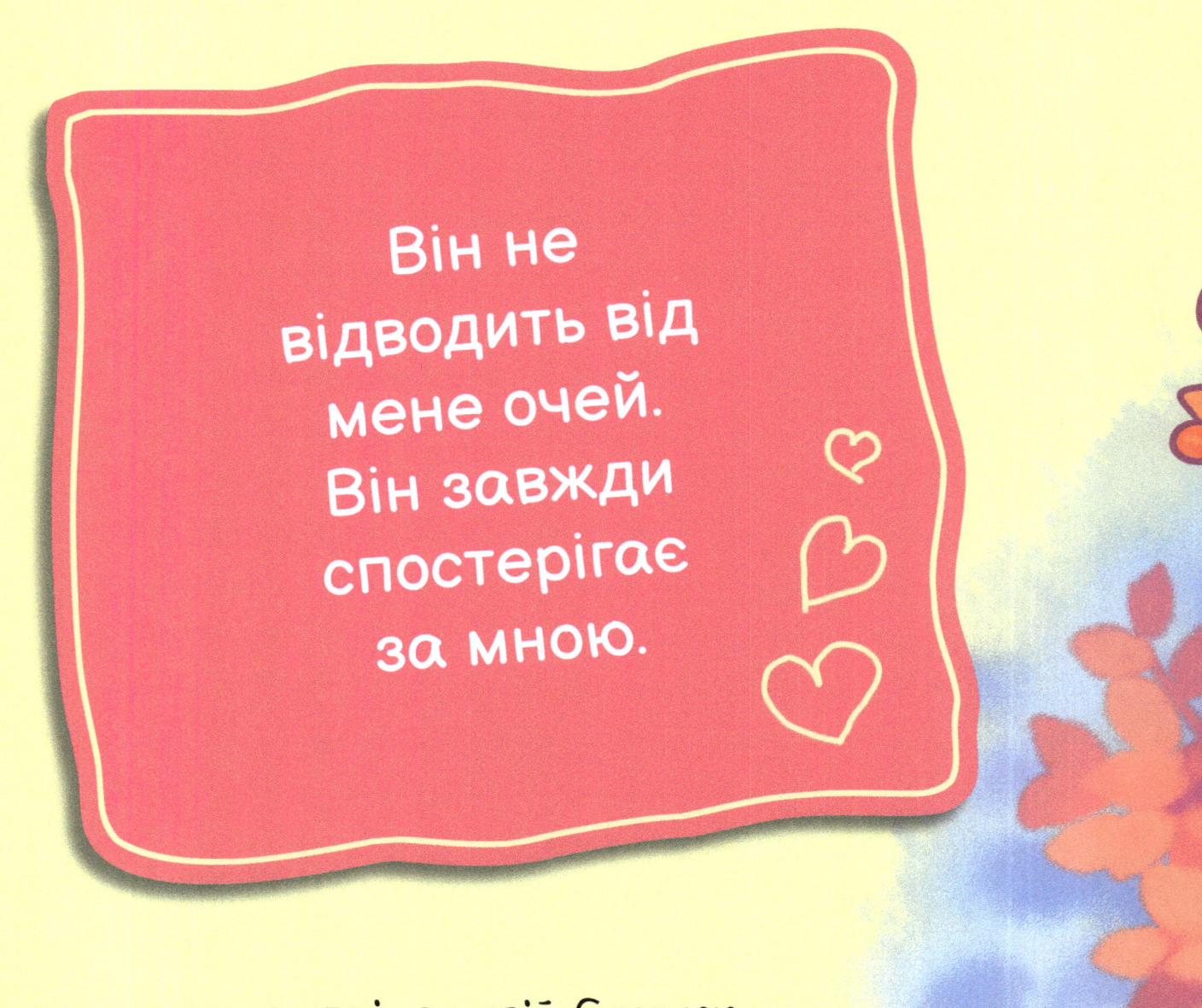

Він не відводить від мене очей. Він завжди спостерігає за мною.

«не здрімає твій Сторож:»
(вірш 3б)

Бог піклується про Свій народ.

«не дрімає й не спить Сторож ізраїлів!»

(вірш 4а)

Він ніколи не спить і не відволікається.

«оце не дрімає й не спить...»
(вірш 4)

Він все продумав для моєї безпеки.

«Господь то твій Сторож;»

(вірш 5а)

Як тінь не відокремити від людини, так Бог ні на хвилину не відступає від мене.

«Господь твоя тінь при правиці твоїй.» (вірш 5б)

Господь зберігає мене вдень у спеку.

«удень сонце не вдарить тебе,»

(вірш 6а)

Бог охороняє мене вночі, коли я сплю або гуляю під місяцем.

«ані місяць вночі!»

(вірш 6б)

Господь буде зі мною, коли насувається небезпека.

«Господь стерегтиме тебе від усякого зла,»

(вірш 7а)

Він спостерігає за мною з того дня, коли я народився, і до старості.

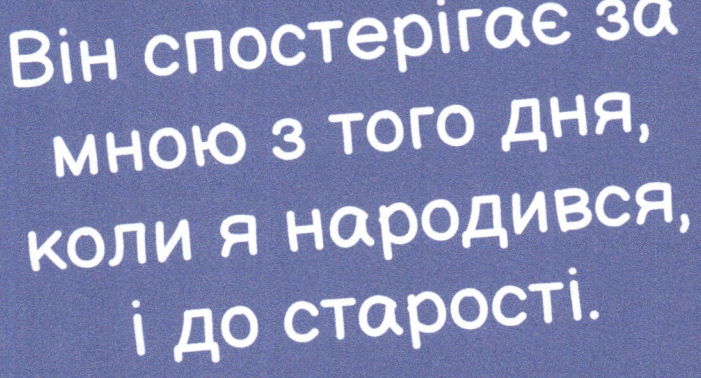

«стерегтиме Він душу твою,»

(вірш 7б)

Господь знає, коли я виходжу з дому і приходжу додому.

«Господь стерегтиме твій вихід та вхід,» (вірш 8а)

Він зараз зі мною і завжди буде поряд зі мною.

«відтепер аж навіки!»

(вірш 8б)

Більше книг в цій серії:

Опубліковано: iCharacter Ltd. (Ireland)
www.icharacter.org
Складено: Агнес де Безенак
Переклад: Наталія Феррейра
Авторське право 2020.

www.icharacter.org

Авторське право © 2020 iCharacter Ltd. Усі права захищені. Ніяка частина цієї книги не може бути відтворена у будь-якій формі або будь-яким електронним або механічним способом, включаючи системи зберігання і пошуку інформації, без письмового дозволу видавця або автора, за винятком випадків, коли рецензент може процитувати короткі уривки, використані в критичних статтях або в рецензії.